Loi N° 49 956 du 16 juillet 1949,
sur les publications destinées à la jeunesse :
mars 2003
Dépôt légal : mai 2005

Mise en pages : *Architexte*, Bruxelles
Photogravure : *Média Process*, Bruxelles
Imprimé en France par *Pollina Imprimeur*, Luçon - n° L95869

Michel Van Zeveren

Trois courageux petits gorilles

PASTEL
l'école des loisirs

«Bonne nuit», dit Maman Gorille.
«Bonne nuit», dit Papa Gorille.
Bisous. Bisous…

«À demain!»...
Papa et Maman s'en vont.

«On est tout seuls, il fait tout noir, mais moi, je n'ai pas peur…» dit le premier petit gorille. «Moi non plus!» disent les deux autres.

Tout à coup, un bruit terrifiant !

Les trois petits gorilles se cachent sous la couverture.
Qu'est-ce que c'est ?

«Moi, je suis le plus courageux.
Je vais aller voir...»
dit le premier petit gorille.

Il sort…

…et ne revient pas.

«On n'est plus que deux, il fait tout noir,
mais moi, je n'ai pas peur…»
dit l'un des deux petits gorilles.
«Moi non plus», dit l'autre.

Tout à coup, un bruit terrifiant!

Les deux petits gorilles se cachent sous la couverture.
Qu'est-ce que c'est ?

«Moi, je suis le plus courageux.
Je vais aller voir…»
dit le deuxième petit gorille.

Il sort…

… et ne revient pas.

«Je suis tout seul, il fait tout noir,
mais je n'ai pas peur du tout...»
dit le dernier petit gorille.

Tout à coup, un bruit effrayant !

Le petit gorille se cache sous la couverture.
Qu'est-ce que c'est ?

«Moi aussi, je suis cou… coucou… courageux.
Je vais aller voir…»

Il sort…

… et descend l'échelle.

Le vent souffle. Il entend: **Houhouhouououou...**
Qu'est-ce que c'est ?

Plus loin, sur le pont, il entend: **Bang ! Bang !**
Qu'est-ce que c'est ?

Enfin, il ouvre la porte là-bas tout au bout.
Il entend: iiiiiiiiiiiiiiii !

Qu’est-ce que c’est ?

Il ne sait pas d'où viennent tous ces bruits.
Heureusement, il est arrivé dans la chambre de ses parents.
«Ouf! Ici, je suis en sécurité!»

Il soulève la couverture et, surpris, il voit
les deux autres petits gorilles qui sont déjà là !

Il monte dans le lit et se fait une toute petite place.

«Haha ! C'est **moi** le plus courageux de tous puisque c'est moi qui suis venu le dernier», se dit-il en s'endormant.